Dieses Buch gehört:

....

....

Die drei ???

Erstlese-Buch zum Kinofilm
Erbe des Drachen

Von Annegret König

KOSMOS

Unser gesamtes lieferbares Programm und viele weitere Informationen zu unseren Büchern, Spielen, Experimentierkästen, Aktivitäten, Autorinnen und Autoren findest du unter **kosmos.de**

Gedruckt auf chlorfrei gebleichtem Papier

© 2022, Franckh-Kosmos Verlags-GmbH & Co. KG,
Pfizerstraße 5–7, 70184 Stuttgart
Alle Rechte vorbehalten
ISBN 978-3-440-17631-3
Redaktion und Lektorat: Anne Pagel
Satz: DOPPELPUNKT, Stuttgart
Grundlayout: Eva Mokhlis
Produktion: Verena Schmynec
Druck und Bindung: Grafisches Centrum Cuno, Calbe
Printed in Germany / Imprimé en Allemagne

Inhalt

Willkommen auf dem Schloss

Es war ein sonniger Tag in Rocky Beach. Justus Jonas, Peter Shaw und Bob Andrews saßen in ihrem Geheimversteck auf dem Schrottplatz. Die Zentrale der Detektive war in einem alten Wohnwagen untergebracht, der unter Schrott versteckt war. „Morgen geht es endlich los", verkündete Justus. „Die drei ??? fliegen nach Rumänien!" Die Vorfreude war groß. „Wir sollten für alle Fälle unsere Detektiv-Ausrüstung mitnehmen", meinte Justus.

„Die brauchen wir dort auf dem Schloss doch nicht", erwiderte Peter. „Wir machen bloß ein Praktikum bei meinem Vater." Mister Shaw machte die Spezialeffekte für einen Vampir-Film.

„Nur für alle Fälle", wiederholte Justus und packte eine Tasche voll mit ihrer Ausrüstung.

Die weite Reise dauerte den ganzen Tag. Als sie ihr Ziel endlich erreicht hatten, war es schon dunkel. Die Türme des Schlosses ragten in den Nachthimmel.

„Das sieht aber gruselig aus", fand Peter.

„Es wird noch viel gruseliger", meinte
Bob. Er hatte zur Vorbereitung einige
Bücher gelesen. „Einst soll Vlad
Draculea hier eine Geliebte gehabt
haben. Er soll heimlich ein und aus
gegangen sein. Man sagt, dass er
immer noch herumspukt."

„Dracula?", fragte Peter erschrocken.
„Der Vampir?"

„Nein. Draculea. Er war ein
grausamer Feldherr. Draculea
bedeutet Sohn des Drachen. Er war
das Vorbild für die Romanfigur Graf
Dracula."

Jetzt fand Peter das Schloss
tatsächlich noch gruseliger.

 8

Das Filmteam versammelte sich im Innenhof. Eine vornehme ältere Dame trat aus dem Schloss. Langsam stieg sie die Außentreppe zu ihnen herunter. „Herzlich willkommen auf Schloss Piatra", sagte die Gräfin, „dem Sitz meiner Familie seit vielen hundert Jahren."

Plötzlich flackerten die Lampen und die Lichter gingen aus. „Das Schloss ist schon sehr alt. Wir haben manchmal Stromausfälle. Unser Hausmeister Repta kümmert sich darum." Die drei ??? schauten zu einem finster aussehenden Mann, der einen großen Hund dabeihatte.

„Ich wünsche Ihnen einen angenehmen Aufenthalt. Und gutes Gelingen bei den Dreharbeiten", beendete die Gräfin ihre Rede.

Plötzlich rannte eine junge Frau aus dem Schloss. Sie schien Angst zu haben. Aufgeregt rief sie immer wieder etwas auf Rumänisch. Das konnten die drei ??? leider nicht verstehen. Sie hörten nur ein Wort heraus: Vlad.

Die Gräfin wirkte erschrocken. Sie sah der jungen Frau nach, die vom Hof rannte.

„Die Frau hat immer wieder Vlad gerufen", flüsterte Peter.

Bob nickte. „Ob sie damit Vlad Draculea gemeint hat?"

Die Detektive warfen sich Blicke zu. Hier auf dem Schloss ging etwas Geheimnisvolles vor sich.

Unheimliches Klopfen

Am nächsten Morgen begann das Filmteam mit der Arbeit. Die Aufgabe der drei ??? war es, das Filmblut zusammenzumischen.

Mittags gab es rumänischen Eintopf, der ihnen vom freundlichen Koch Timeo serviert wurde. Beim Essen saßen sie mit Hank, dem Assistenten von Peters Vater, am Tisch. Er hielt eine Roboter-Fledermaus in der Hand.

„Kann das Ding da wirklich fliegen, Hank?", wollte Peter wissen.

„Wenn ich fertig bin, auf jeden Fall. Das wird im Film super aussehen", sagte der Assistent stolz.

„Du bist schon seit einer Woche hier, oder?", fragte Justus. „Ist in dieser Zeit etwas Merkwürdiges passiert? Gestern hat doch diese Frau so aufgeregt das Schloss verlassen."

„Das war Bianca, die Hausmagd", erklärte Hank. „Sie hatte Angst, weil sie in den letzten Nächten Geräusche gehört hat. Ein unheimliches Klopfen. Sie glaubte, es wäre Vlad, der von den Toten auferstanden ist."

Peter lief es kalt den Rücken herunter. „Ein Vampir-Zombie", murmelte er.

„Ich habe das Klopfen auch gehört", sagte Hank. „Immer an der gleichen Stelle im Westflügel."

„Das klingt nach einem neuen Fall für uns", freute sich Justus.

„Was für ein neuer Fall?", fragte Peters Vater, der plötzlich hinter ihnen aufgetaucht war.

„Spielt ihr drei etwa schon wieder Detektiv? Vergesst es. Ihr seid hier, um ein Praktikum zu machen."

„Alles klar, Dad", erwiderte Peter kleinlaut.

Mister Shaw mochte es nicht, wenn die drei als Detektive unterwegs waren. Aber Justus war neugierig geworden und setzte sich durch.

Am Abend versteckten sich die Freunde unter einem Tisch im Gang, der zum Westflügel führte.

„Pst, da kommt jemand", zischte Bob. Der Hausmeister Repta näherte sich mit seinem Hund.

 16

Zum Glück bemerkte er die drei
Detektive nicht.

Als er vorbei war, folgten sie dem
Mann durch die dunklen Gänge.

Auf einmal hörten sie ein dumpfes
Klopfen.

„Der Vampir-Zombie", flüsterte Peter.

Plötzlich begann Reptas Hund zu knurren und zog den Hausmeister auf die drei ??? zu. Justus, Peter und Bob ergriffen die Flucht. Sie liefen eine Treppe hinauf.

„Schnell, hier rein!", zischte Peter und zeigte auf eine Tür am Ende des langen Ganges.

Zum Glück war sie offen.

„Das war knapp", seufzte Bob und sah sich um.

Sie waren in einem altmodisch eingerichteten Zimmer voller Bücher über Ozeane und Meeresbewohner.

„Hier hat einmal ein Junge gewohnt", stellte Justus fest.

„Seht mal, die alten Fotos. Das muss
die Gräfin als junges Mädchen sein.
Und das ist ihr Bruder."

„Sie hat einen Bruder?", fragte Peter.

„Einen, der spurlos verschwunden
ist", bestätigte Bob. „Hier liegen
Zeitungsausschnitte. Die sind fast
sechzig Jahre alt. Da wird von einem
verschwundenen Jungen namens
Alexandru berichtet."

„Das muss sein Zimmer gewesen sein", sagte Justus und sah sich weiter um. Als Bob einen Sessel umrundete, schrie er beinahe vor Schreck. Im Sessel saß die Gräfin! Sie war eingeschlafen. In ihrem Schoß lag eine alte Ausgabe des berühmten Romans „20.000 Meilen unter dem Meer".

Auf dem Boden neben ihr stand eine halb ausgetrunkene Tasse Tee.

„Wir hauen besser wieder ab, bevor sie aufwacht", flüsterte Bob.

Sie verließen den Raum. Repta war nicht mehr zu sehen. Sie stiegen die Treppe hinunter und wollten in ihr Zimmer zurückkehren. Da trat Repta hinter einer Säule hervor. Er packte Peter bei der Schulter. Es gab kein Entkommen.

Repta schleppte sie zum Zimmer von Peters Vater und pochte gegen die Tür. Mister Shaw öffnete im Schlafanzug und sah die drei Jungs verwirrt an.

„Was ist los?", fragte Mister Shaw.

Der Hausmeister erklärte ihm mit Händen und Füßen, dass er die Jungs bei etwas Verbotenem erwischt hatte.

„Wir … waren im Zimmer der Gräfin", gestand Peter kleinlaut. „Wegen der Klopfgeräusche."

„Ihr wart wo? Ihr seid hier, um ein Praktikum zu machen. Nicht, um Gespenster zu jagen. Und jetzt ab ins Bett!", rief Mister Shaw sehr verärgert.

Zurück in ihrem Zimmer, lief Justus auf und ab. „Unheimliche Klopfgeräusche", murmelte er.

 22

„Der verschwundene Bruder der Gräfin. Und eine Magd, die glaubt, dass Vlad zurückgekehrt ist. Kollegen, wir haben einen neuen Fall."

„Bist du blöd? Du hast doch gehört, was mein Vater gesagt hat", rief Peter. „Ich will keinen Ärger kriegen." Wütend warf er sich auf sein Bett.

Die Erben des Drachen

Am nächsten Tag probierten die drei
Detektive mit Hank den Flugroboter
aus. Plötzlich verlor Hank die
Kontrolle und die Fledermaus stürzte
ab. Sie traf ein Auto, das gerade auf
das Schloss zufuhr. Alle rannten hin.
Aus dem blauen Auto stieg eine junge
Frau aus.
„Ist Ihnen etwas passiert?", fragte
Peter besorgt.
„Mir nicht", sagte sie lachend. „Aber
dem Wagen."
Einer der Scheinwerfer des Autos war
kaputtgegangen.

„Sie sind doch Luciana Ionescu", rief
Bob überrascht. „Ich habe Ihr Buch
über diese Gegend gelesen."
„Das stimmt", sagte Luciana und hob
den Flugroboter auf.
„Und wer seid
ihr?"
Justus, Peter
und Bob
stellten
sich vor.

„Luciana ist unsere Expertin für die Geschichte des Schlosses", erklärte Hank. „Den Scheinwerfer kann ich Ihnen schnell reparieren."

„Das ist gut, ich muss nämlich in zehn Minuten in die Stadt fahren."

„In die Stadt?", fragte Justus. Er hatte eine Idee.

Zehn Minuten später saßen Bob und Luciana gemeinsam im Auto. Bob wollte in der Stadt mehr über das Schloss Piatra und den verschollenen Bruder der Gräfin herausfinden. Luciana ließ ihn bei der Bücherei aussteigen.

Dort fand er im Internet einen
Zeitungsartikel über Alexandru.
Darin war von einer geheimen
Bruderschaft die Rede, die Erbe
des Drachen hieß. Außerdem
las er etwas über Vlads Schatz.
Und von einer Krypta, also einem
unterirdischen Raum, den es
angeblich auf Schloss Piatra gab.

Bob ging zum Tresen und bat die Mitarbeiterin um einen Plan des Schlosses. Danach verließ er die Bücherei und fuhr gemeinsam mit Luciana zurück.

Im Auto fragte Bob die junge Frau: „Sie sind doch eine Expertin für das Schloss. Haben Sie schon mal etwas von den Erben des Drachen gehört? Oder von einem Schatz?"

Luciana nickte. „Die Erben des Drachen waren eine Bruderschaft, die Vlad sehr verehrt hat. Der Schatz war laut einer Legende ein blutroter Rubin, der Vlad unsterblich gemacht hat."

„Und wissen Sie auch etwas über den verschollenen Bruder der Gräfin?", fragte Bob neugierig.

„Alexandru war etwa so alt wie du, als er bei den Erben des Drachen aufgenommen werden sollte", sagte Luciana. „Als Aufnahmeprüfung sollte er eine Nacht allein in der Krypta verbringen. Am nächsten Morgen war er spurlos verschwunden. Man sagt, Vlads Geist habe ihn geholt."

Am Abend erzählte Bob seinen Freunden, was er alles herausgefunden hatte.

„Die Krypta ist der Ort, an dem Vlad sich damals mit seiner heimlichen Geliebten auf dem Schloss getroffen hat", erklärte Bob. „Der geheime Raum wurde später zugemauert."

„Interessant", sagte Justus. Er schaute auf den Schlossplan. „Die Krypta liegt ganz in der Nähe des Ganges, an dem wir die Klopfgeräusche gehört haben."

„Dann versucht vielleicht jemand, aus der zugemauerten Krypta herauszukommen", rief Peter erschrocken. „Vlads Geist!"

„Es könnte aber auch sein, dass jemand in die Krypta hineinwill", sagte Justus. „Um Vlads Schatz zu suchen. Wir müssen den Eingang finden."

„Das ist viel zu gefährlich", meinte Peter.

Es klopfte an der Tür. Es war Timeo,
der Koch. Er brachte ihnen ein Tablett
mit drei Teetassen. „Der Tee ist eine
kleine Aufmerksamkeit aus der
Küche", erklärte er.
„Das ist aber nett", fand Bob. „Danke
sehr."
Justus mochte den Tee nicht. Er ließ
ihn stehen. Die drei ??? legten sich in
ihre Betten.

Auf der Suche

Als Bob und Peter eingeschlafen
waren, öffnete Justus die Augen. Er
war extra wach geblieben. Wenn die
anderen nicht wollten, würde er den
Eingang zur Krypta allein suchen.
Er wollte einen Schluck Wasser
trinken, aber seine Flasche war leer.
Also trank er wohl oder übel doch
den Tee und schlich aus dem Zimmer.
Wieder versteckte sich Justus unter
dem Tisch. Er hatte die Kamera
dabei, die Bob auf die Reise
mitgenommen hatte. Damit filmte
er den Gang.

Nach einer Weile wurde er müde. Obwohl Justus sich fest vorgenommen hatte, wach zu bleiben, schlief er bald ein.

Am nächsten Morgen rührten Bob und Peter mit Leuchtpulver eine Farbe an, die für den Film gebraucht wurde. Justus kam jedoch viel zu spät.

„Na, endlich ausgeschlafen?", fragte Peter.

„Wir haben auch tief und fest geschlafen", sagte Bob. „He, was machst du mit meiner Kamera? Warst du heute Nacht allein unterwegs?"

 34

„Ja. Aber ich bin auf dem Gang
eingeschlafen. Seltsam, oder? Ich
glaube, dass wir alle wegen des Tees
so lange geschlafen haben", erklärte
Justus den beiden.

„Du meinst, da hat uns jemand was
reingemischt?", fragte Bob. „Wer
denn, etwa Timeo?"

„So ein Unsinn", fand Peter. „Dann hätte er uns den Tee doch nicht selbst gebracht."

„Ich weiß es nicht", seufzte Justus. „Aber seht mal, was die Kamera gestern Nacht gefilmt hat."

Er zeigte ihnen den Film. Darauf war zu sehen, wie jemand durch den Gang ging. Man konnte aber nur die Stiefel erkennen.

„Diese Stiefel kenne ich", sagte Peter. „Die gehören Repta!"

Die drei ??? beschlossen, Repta zu überwachen. Vor seiner Hütte legten sie sich auf die Lauer.

Als er aus der Hütte rauskam,
schlichen sie ihm nach bis in den
Schlossgarten. Dort grub er ein paar
Pflanzen aus und legte sie in seinen
Korb.

Nachdem er gegangen war, sahen sich die Detektive die Pflanzen genauer an.

„Eine Alraune", stellte Justus fest.

„Die Wurzeln können als Schlafmittel dienen."

„Dann hat Repta nicht nur uns in den Schlaf geschickt, sondern auch die Gräfin", vermutete Peter.

„Damit er ungestört nach der Krypta suchen kann", fügte Bob hinzu.

Der Eingang zur Krypta

Am Abend hatte Justus seine
Freunde überredet, ihn bei der Suche
nach der Krypta zu begleiten.
Er hatte das Leuchtpulver
mitgenommen und auf
den Boden gestreut.
Seine Schwarzlicht-
Lampe ließ es
aufleuchten.

Fußspuren waren zu erkennen.

„Hast du das Pulver etwa von meinem Vater geklaut?", fragte Peter und forderte es zurück.

Sie folgten den Spuren bis zu einem Schrank, der in einem ansonsten leeren Raum stand. Bob öffnete ihn. Er war leer. Da entdeckte Justus Schleifspuren auf dem Boden. Sie schoben den Schrank beiseite. Dahinter war ein Loch in der Wand. „Die Klopfgeräusche müssen beim Schlagen dieses Loches entstanden sein", sagte Justus. Hinter dem Loch lag ein langer, dunkler Gang. „Das müssen wir uns ansehen."

Justus kletterte durch das Loch.

Sie gingen den Gang entlang. Er

endete an einem steinernen Tor.

Darüber ragte ein Drachenkopf aus

Stein aus der Wand.

„Seht mal, da ist eine kleine

Einbuchtung", sagte Bob. „Wir

brauchen etwas, das genauso

geformt ist, um das Tor zu öffnen."

Plötzlich flackerte ein rotes Licht auf.

Die drei ??? erschraken.

„Da drüben ist eine rote Lampe
versteckt", bemerkte Bob.

„Was hat das zu bedeuten?", fragte
Peter ängstlich.

„Das ist ein stummer Alarm", sagte
Justus. „Ausgelöst durch eine
Lichtschranke. So wird man gewarnt,
wenn jemand kommt. In Deckung!"
Sie versteckten sich.

Am Ende des Ganges tauchte
eine Gestalt auf. Sie sah den
Rucksack, den Justus aus
Versehen liegen gelassen hatte,
und rannte weg.

„Hinterher!", rief Peter.

Er war der Schnellste und kam der

Gestalt immer näher.

Peter zog die Tüte mit dem

Leuchtpulver hervor und warf es

nach der flüchtenden Person. Doch

hinter der nächsten Ecke war sie

verschwunden und Peter stieß

beinahe mit seinem Vater zusammen.

„Peter!", rief er. „Bist du verrückt?"

„Hast du ihn gesehen?", japste Peter
atemlos.

„Wen gesehen?", fragte Mister Shaw
verärgert.

Bob und Justus kamen angerannt.

„Ich habe ihn
verloren", sagte
Peter enttäuscht.
Dann sah er die
Teetasse, die
sein Vater in der
Hand hielt.

„Nicht trinken, der Tee ist vergiftet!",
rief Peter und schlug ihm die Tasse
aus der Hand.

Mister Shaw wurde wütend.

„Ihr spielt ja schon wieder Detektiv.
Ich dachte, ich hätte mich klar
ausgedrückt."

„Das sind keine Spiele", versicherte
Peter. „Repta vergiftet die Gräfin mit
dem Tee, damit er Vlads Schatz
suchen kann. Wir haben ihn auf
Video."

„Ihr habt ihn gefilmt?", fragte Mister
Shaw entsetzt.

„Aber es geht doch um die
Gesundheit der Gräfin", sagte Peter.

Mister Shaw schaute zweifelnd von einem Detektiv zum nächsten.

Wenige Minuten später standen sie gemeinsam vor Reptas Tür und klopften. Sie hatten extra Luciana geweckt, damit sie übersetzen konnte.

Repta bat sie irritiert herein. Mit
Lucianas Hilfe stellte Peters Vater
ihm einige Fragen.

„Er sagt, die Gräfin leide unter
Schlafstörungen", übersetzte
Luciana. „Sie trinkt den Schlaftee
jeden Abend. Außerdem hat sie ihn
gebeten, mehr über das Klopfen
herauszufinden. Deshalb läuft er
nachts durch das Schloss."

Peter glaubte Repta nicht. „Und was ist hiermit?", rief er und leuchtete Repta mit der Schwarzlicht-Lampe an. Doch nirgendwo leuchtete das Pulver.

„Entschuldigen Sie vielmals die Störung", sagte Mister Shaw. „Die Kinder haben wohl etwas zu viel Fantasie."

Repta lächelte nachsichtig.

Peters Vater brachte die Jungen zurück zu ihrem Zimmer. „Ab morgen gibt es nur noch das Praktikum für euch", sagte er streng. „Noch ein Fehltritt und ihr fliegt nach Hause."

Als sie allein waren, sagte Justus:
„Wenn Repta es nicht war, muss uns
etwas entgangen sein. Wir sollten
morgen noch einmal zur Krypta
gehen."

„Ich habe die Nase voll von dieser
Krypta", sagte Peter wütend und
spielte dabei mit einem Tennisball.
„Mein Dad hat recht. Wir machen
hier ein Praktikum."

„Aber wir sind die drei ???",
antwortete Justus. „Wir übernehmen
jeden ..."

„Wir übernehmen gar nichts", fiel
Peter ihm ins Wort. „Es reicht jetzt.
Ich gehe schlafen."

Das Medaillon

Am nächsten Tag war die Stimmung schlecht. Die drei Detektive gingen einander aus dem Weg. Dann kam wichtiger Besuch auf das Schloss. Der Museumsdirektor brachte den Filmemachern ein Medaillon.

„Das ist das echte Medaillon der
Bruderschaft Erbe des Drachen",
erklärte die Chefin der Dreharbeiten
ihrem Team.
„Wir dürfen es für den Filmdreh
benutzen. Für den Rest der Zeit wird
es im bewachten Turmzimmer in
einem Tresor aufbewahrt."

Bald wurde eine Szene für den Film mit dem Medaillon gedreht. Justus schaute sich die Aufnahme auf dem Monitor an.

Aufgeregt winkte der Erste Detektiv Bob zu sich.

„Sieh mal!", sagte er. „Das Medaillon hat die gleiche Form wie die Einbuchtung am Tor der Krypta."

„Du meinst, das Medaillon ist der Schlüssel, um das Tor zu öffnen?"

Justus nickte. „Vielleicht hat jemand absichtlich dafür gesorgt, dass das Medaillon hierhergebracht wird."

Peter war der Einzige, den das nicht interessierte. Er wollte mit den

Ermittlungen nichts mehr zu tun
haben.

Den Rest des Tages verhielt Justus
sich sehr merkwürdig. Erst unterhielt
er sich längere Zeit mit einer der
Schauspielerinnen und brachte sie
dazu, laut zu schreien.

Dann war er plötzlich sehr mit dem Kunstblut beschäftigt. Schließlich stand er draußen vor dem Schloss und betrachtete aufmerksam den Turm, in dem das Medaillon untergebracht war. Bob und Peter ahnten, dass er etwas vorhatte.

In der Nacht schlich Justus allein aus dem Zimmer. Heimlich versteckte er eine kleine Musikbox in einer Nische im Gang und tropfte Kunstblut auf den Boden.
Dann schloss er allerlei Geräte an eine Steckdose an. Wie erhofft, wurde das Stromnetz überlastet.

Überall im Schloss ging das Licht aus. Über die Box spielte Justus die Schreie ab, die er mit seinem Handy aufgenommen hatte. Der Wachmann vor dem Turmzimmer stand von seinem Stuhl auf. Er ging den unheimlichen Schreien nach. Dann entdeckte er die Blutspur auf dem Boden und folgte ihr.

Justus hatte in einem Versteck gewartet und öffnete die Tür zum Turmzimmer mit einem Dietrich. Da stand der Tresor. Justus brauchte die richtigen Zahlen, um ihn zu öffnen. Doch auch dafür hatte er vorgesorgt.

Am Nachmittag hatte Justus den Flugroboter durch das winzige Fenster in das Turmzimmer gesteuert. An dem Roboter war Bobs Kamera befestigt. Sie hatte gefilmt, wie der Wachmann die Zahlen eingegeben hatte. Justus leuchtete mit seiner Taschenlampe auf den Tresor und tippte die richtigen Zahlen ein.

Der Tresor öffnete sich.

Doch er war leer! Justus war

schockiert.

Wo war das Medaillon?

Draußen ging das Licht an. Der

Wachmann kehrte zurück und setzte

sich auf seinen Platz. Justus saß in

der Falle!

Rettungsaktion

Nicht weit entfernt lagen Bob und Peter schlafend in ihren Betten.
Plötzlich flog etwas klirrend durch die Fensterscheibe und knallte gegen die Wand.
Sofort waren beide hellwach.
„Was war das?", fragte Peter.

Sie entdeckten den Flugroboter mit der Kamera auf dem Boden.

Ihr Blick fiel auf das leere Bett des Ersten Detektivs.

„Justus", sagten beide gleichzeitig.

Sie schauten sich den Film an, den die Kamera aufgenommen hatte.

Justus' Gesicht erschien. „Kollegen, ich stecke im Turmzimmer fest. Das Medaillon wurde gestohlen. Ihr müsst mir helfen."

„Justus in Schwierigkeiten." Peter lächelte schadenfroh.

„Moment, da ist noch mehr zu sehen", meinte Bob. Er spulte die Aufnahme bis zum Anfang zurück.

Jemand war aus einer Geheimtür in der Wand geklettert.

Die dunkle Gestalt hatte den Tresor geöffnet, das Medaillon an sich genommen und war wieder verschwunden.

„Da gibt es eine Geheimtür?", wunderte sich Peter. „Aber wo führt die hin?"

„Das haben wir gleich", sagte Bob und rollte den Plan von Schloss Piatra aus. „Hier auf der Mauer müsste der andere Ausgang sein."

Nachdem sie den Innenhof durchquert hatten und eine Treppe hinaufgelaufen waren, standen sie oben auf der Mauer.

„Da ist ein Wappen an der Wand", raunte Peter. Sie untersuchten es. Ein Stern ließ sich drehen. Die Wand schwenkte zur Seite. Sie hatten den Geheimgang gefunden. Am Ende des Ganges lag das Turmzimmer.

Justus war erleichtert, als Peter und Bob durch die geheime Tür traten.

„Wie habt ihr denn den Gang gefunden?", wollte er wissen.

„Du hättest dir den Film ganz ansehen sollen", flüsterte Bob und zeigte ihm, was die Kamera aufgezeichnet hatte.

„Findest du nicht, du solltest dich für deine Alleingänge entschuldigen?", fragte Peter.

„Dafür ist jetzt keine Zeit", fand Justus.

„Dafür nehmen wir uns die Zeit", widersprach Bob und verschränkte seine Arme.

Justus seufzte. „Na schön. Mein Vorschlag: Ich unternehme keine Alleingänge mehr. Dafür haltet ihr euch an unser Motto: Wir übernehmen …"

„… jeden Fall", beendeten Bob und Peter den Satz.

„Und ein gelöster Fall ist besser als ein ungelöster", sagte Justus schmunzelnd.

In der Krypta

Wenig später rannten die drei ???
durch den Geheimgang und einmal
quer durch das Schloss bis zur
Krypta. Das steinerne Tor war offen!
In der Krypta grub eine in Schwarz
gekleidete Gestalt ein Loch in den
Boden.

„Lassen Sie die Schaufel fallen, Luciana!", rief Justus laut.

Bob sah den Ersten Detektiv überrascht an. Luciana? Doch Justus hatte recht.

„Gut, dass ihr kommt", sagte Luciana überrascht. „Repta wollte gerade –"

„Wir glauben Ihnen kein Wort", sagte Justus. „Sie sind eine Expertin für Vlad und das Schloss. Sie stecken hinter all dem, weil Sie selbst den Schatz suchen. Als Beraterin für den Film haben Sie dafür gesorgt, dass das Medaillon auf das Schloss gebracht wird, damit Sie die Krypta öffnen können."

„Aber Sie haben den Schatz noch gar nicht gefunden", vermutete Justus.
„Ich glaube außerdem, dass Sie nicht alleine arbeiten."
„Nicht schlecht", sagte plötzlich jemand hinter ihnen. Die drei ??? wirbelten herum. Im Eingang stand Timeo, der Koch.

„Sie beide stecken unter einer Decke", sagte Bob erschrocken.

„Komm schon, Luciana", knurrte Timeo. „Wir hauen ab."

„Aber ich habe den Schatz noch nicht gefunden", sagte sie.

„Wir haben keine Zeit mehr. Komm jetzt, wir müssen verschwinden", keifte Timeo Luciana an.

Widerwillig folgte sie ihm. Timeo schloss das Tor. Mit einem Mal war es um die drei ??? stockfinster.

„Halt!", rief Peter. „Sie können uns hier doch nicht einsperren!"

Die drei versuchten, das Tor von innen zu öffnen.

„Was machen wir denn jetzt?", fragte Peter verzweifelt.

„Alexandru war damals auch hier eingesperrt", sagte Justus nachdenklich. „Ich bin sicher, er konnte entkommen. Niemand kann spurlos verschwinden. Irgendwo muss es einen geheimen Ausgang geben."

Sie suchten, aber sie fanden nichts. Nach und nach erloschen ihre Taschenlampen. Peter hatte noch eine Packung Streichhölzer bei sich. Er zündete eines an.

Da bemerkte Justus etwas: „Die Flamme flackert."

Der Luftzug war beim Sockel einer
Statue am stärksten. Gemeinsam
stemmten sie sich dagegen. Die
Statue drehte sich und in der Wand
öffnete sich ein Durchgang.
Die drei ??? schlichen durch den
Tunnel, der in den Felsen führte.
An seinem Ende zwängten sie sich
ins Freie.

„Wir sind draußen!", jubelte Peter erleichtert.

Sie standen auf einem schmalen Felsvorsprung. Unter ihnen lag ein dunkler See.

„Wir müssen springen", stellte Bob fest.

Justus war nicht wohl dabei. Er hatte Höhenangst.

„Zusammen", sagte Peter. Er und Bob reichten Justus vertrauensvoll die Hände. Gemeinsam sprangen sie in die Tiefe.

Zurück zum Schloss

Das Wasser war eisig. Schnell schwammen sie an Land. Sie hatten es geschafft!
„Wir müssen uns beeilen – zurück zum Schloss!", rief Peter.

Am Haupteingang standen viele Polizeiautos. Auch Peters Vater war da. „Wo habt ihr denn gesteckt?", fragte er. „Das Medaillon wurde gestohlen! Und die Gräfin ist stinksauer deswegen und will, dass das Filmteam sofort abreist."

„Wir wissen, wer das Medaillon gestohlen hat", sagte Peter. „Luciana und Timeo." Er erzählte seinem Vater alles, was sie herausgefunden hatten. Sofort machte sich die Polizei auf die Suche nach den beiden Verbrechern.

Die drei ??? gingen zur Gräfin und erstatteten ihr Bericht.

„Bei unserem Abenteuer haben wir herausgefunden, dass Ihr Bruder damals wahrscheinlich über den Geheimgang aus der Krypta fliehen konnte."

Die Gräfin war schockiert. „Das könnte wirklich sein. Er wollte nie ein Mitglied der Bruderschaft werden. Deshalb ist er nicht zurückgekehrt."

Justus nickte. „Wir glauben, dass er noch lebt", sagte er.

Da trat Mister Shaw ein. „Die Polizei hat Luciana und Timeo aufgespürt. Sie hatten das Medaillon bei sich." Er wurde verlegen. „Das war wirklich gute Arbeit, Jungs. Ich muss mich entschuldigen. Vor allem bei dir, Peter."

„Schon okay, Dad", sagte Peter erleichtert.

„Wenn das so ist, dann erlaube ich Ihnen, die Dreharbeiten fortzusetzen", sagte die Gräfin. Sie sah die drei ??? an und fragte: „Wisst ihr, wo mein Bruder sein könnte?"

Alexandrus Geheimnis

Einige Tage später waren die drei ???
wieder im sonnigen Rocky Beach.
Die Arbeiten am Film waren beendet.
Nun wollten sie das letzte Rätsel
lösen: Wohin war der junge
Alexandru damals verschwunden?

Justus hatte eine Theorie und führte seine Freunde zu einem Vortrag über Ozeane, der von einem gewissen Professor Aronnax gehalten wurde. Die drei Freunde waren zu früh und trafen den Professor allein an.

„Ich glaube, das gehört Ihnen",
sprach Justus den Mann an und legte
den Roman „20.000 Meilen unter dem
Meer" auf seinen Schreibtisch.
Die Augen des alten Mannes weiteten
sich, als er sein Buch erkannte.
„Professor Aronnax ist eine Figur aus
diesem Buch", sagte Justus. „Sie
haben sich nach ihm benannt."
„Sie sind also wirklich Alexandru?",
fragte Bob.
„Es ist eine Weile her, dass mich
jemand so nannte", antwortete der
Mann. „Wie habt ihr mich gefunden?"
Die drei ??? setzten sich und
erzählten ihr ganzes Abenteuer.

„Ja, ich bin Alexandru", sagte der Professor. „Ich wollte der Bruderschaft damals entkommen, also bin ich durch den Geheimgang geflohen."

„Und der Schatz?", wollte Bob wissen. „Haben Sie ihn gefunden?"

„Gefunden schon", sagte der Mann.

„Aber ich ließ ihn auf dem Schloss zurück. Er befindet sich in einem Brunnen, der im Schlossgarten steht."

„Ihre Schwester würde sich sehr freuen, Sie wiederzusehen", sagte Justus.

Der Professor nickte nachdenklich.

„Ich mich auch. Ich werde sie besuchen. Aber nun habe ich auch eine Frage an euch: Wer seid ihr eigentlich?"

Justus lächelte und reichte ihm eine Visitenkarte.

„Wir sind die drei ???. Wir übernehmen jeden Fall."

Genau dein Fall

Erlebe spannende Abenteuer mit den drei Detektiven Justus, Peter und Bob!

Lerne lesen

ISBN 978-3-440-16401-3

Für Leseprofis

ISBN 978-3-440-17301-5

Ermittle selbst

kosmos.de/diedreifragezeichen